FAHRZEUGE

Vom Rennauto bis zum Traktor

DK | Penguin Random House

Titel der englischen Originalausgabe:
TRUCKS! (and other things with wheels)

Welbeck Children's Books ist ein Imprint der Hachette Children's Group
Part of Hodder & Stoughton Limited
Carmelite House, 50 Victoria Embankment
London EC4Y 0DZ

Lektorat Laura Knowles, Jenni Lazell
Gestaltung und Bildredaktion Emily Clarke, Dani Lurie
Herstellung Gary Hayes

Für die deutsche Ausgabe:
Verlagsleitung Monika Schlitzer
Programmleitung Heike Faßbender
Redaktionsleitung Martina Glöde
Projektbetreuung Natalie Capalija
Herstellungsleitung Dorothee Whittaker
Herstellungskoordination Claudia Rode
Herstellung Sophie Schiela

Übersetzung Burkhard Schäfer

ISBN 978-3-8310-4914-1

Druck und Bindung Leo Paper Products, China

FSC www.fsc.org MIX Papier | Fördert gute Waldnutzung FSC® C020056

www.dk-verlag.de

FAHRZEUGE

Vom Rennauto bis zum Traktor

Text von:
Bryony Davies

Illustriert von:
Maria Brzozowska

Dieses Buch gehört:

Inhalt

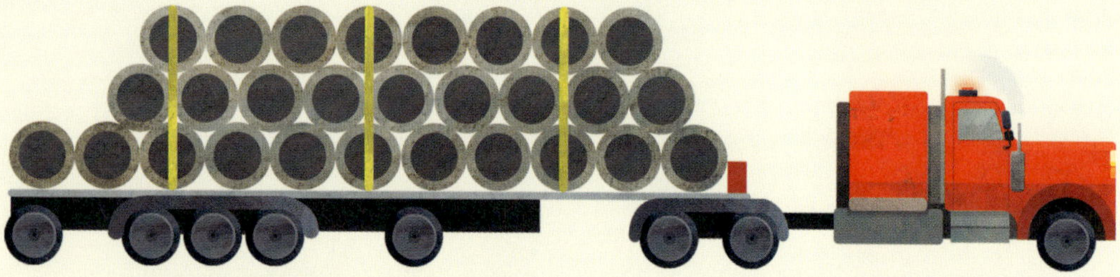

Mit Rohren beladener Pritschensattelzug

Leichter Lastwagen

Monster-Trucks machen Tricks und Sprünge. Ihre Reifen sind viel größer als du!

Sattelzug mit Kofferaufbau

Absetzkipper

Müllwagen

Schneepflug mit Streuwagen

Schwere elektrische Zugmaschine

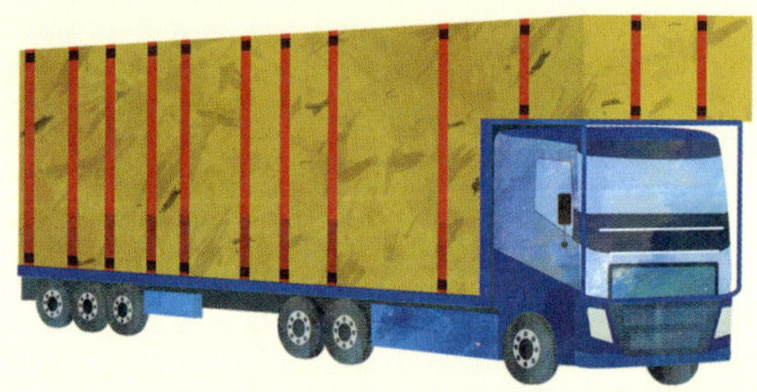

Pritschensattelzug beladen mit Strohballen

Lastwagen mit Reklametafeln

Militärfahrzeug

Kleiner Elektrolastwagen

Tankwagen

Dekotora-Lastwagen gibt es in Japan. Sie sind vollständig bemalt und mit bunten Lichtern ausgestattet.

Road Train („Straßen-Zug“)

Autotransporter

Lastwagen

Müllwagen und Bergbaukipper, Lieferwagen und Pick-up-Trucks: Lastwagen können groß oder klein sein und Dinge dorthin bringen, wo man sie braucht.

Schwertransporter für Weltraumteleskope

Lastwagen in Pakistan sind oft bunt verziert und mit Glöckchen und Ketten behängt.

Pick-up-Truck mit Weihnachtsbaum

Amphibienfahrzeuge können an Land und auf dem Wasser fahren.

Rostiger alter Pick-up-Truck

Bergbaukipper

Imbisswagen

Milchlieferwagen

Britischer Recyclingwagen

Moderner Pick-up-Truck

An der Tankstelle

Es gibt verschiedene Treibstoffe wie Benzin und Diesel. Manche Autos fahren elektrisch.

Der Van ist mit Fahrrädern und Gepäck hoch beladen. Wo fährt er hin?

Dieses elektrische Stadtauto fährt zu einer Ladesäule.

An dieser Tankstelle ist viel los! Damit Fahrzeuge fahren können, müssen sie regelmäßig getankt werden.

Oldtimer

Londoner Taxi

Strand-Buggys können am Strand über Sand fahren.

Rallyeauto

Cabriolet

Autos und Busse

Es gibt so viele Fahrzeuge! Schnelle Autos für Rennen, geräumige für Familien und auch lustige wie Dreiradautos, verschiedene Taxis und Busse – in welchen bist du schon einmal mitgefahren?

Campingbus

Kombi

SUV

Doppeldeckerbus

Dieses **Hot Rod** hat einen starken Motor und ist mit Flammen verziert.

Auto mit Steilheck

Supersportwagen sind besonders schnell und sehr teuer.

Stretch-Limousine

Stadtauto

Amerikanischer Schulbus

Dreiradauto

Eiswagen

Mit **Allradantrieb** kann man gut im Gelände und auf Schnee und Eis fahren ohne wegzurutschen.

Kleinbus

Historischer Rennwagen

Elektroauto

New Yorker Taxi

Rennwagen

Solarautos werden von Sonnenlicht angetrieben!

Dragster fahren in sehr kurzen, aber richtig schnellen Rennen.

Flughafenbus

Auf der Rennstrecke

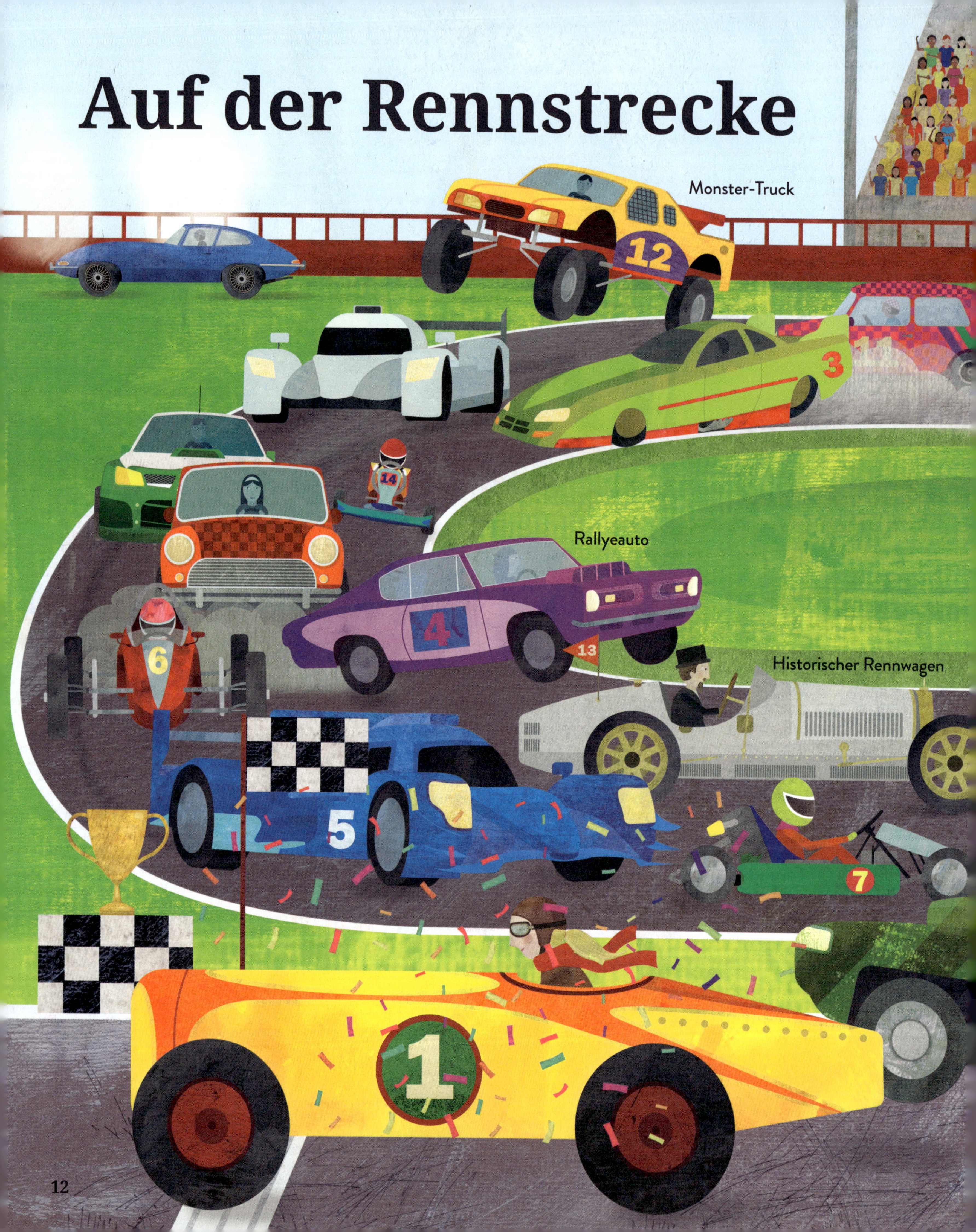

Los geht's! Welcher Rennwagen gefällt dir am besten?

Stau auf der Autobahn

Wie viele Fahrzeuge
mit Fahrrädern
kannst du finden?

Auf der Autobahn kommt man schnell voran, weil es keine Ampeln gibt. Aber manchmal entsteht ein Stau, zum Beispiel durch einen Unfall oder eine Baustelle.

Bauarbeiter glätten die neue Straßenoberfläche mit einer Walze.

Auf der Feuerwache

Die Leiter wird gebraucht, um das Feuer in den oberen Stockwerken zu erreichen.

Aus den Schläuchen spritzt Wasser, das die Flammen löscht.

Hier wird geübt, Feuer in einem Hochhaus zu löschen.

Bei der Feuerwehr weiß jeder, was er zu tun hat. Teamarbeit ist sehr wichtig.

Auf der Feuerwache geht ein Notruf ein. Die Alarmglocke schrillt. Gleich fährt das Löschfahrzeug mit Blaulicht und Martinshorn zum Einsatzort.

Die Feuerwehrleute haben alles dabei, was sie brauchen, um Menschen in Gefahr zu retten.

In einem Feuerwehrwagen

In diesem Löschfahrzeug befinden sich die wichtigsten Geräte. Die Ausrüstung ist ordentlich verstaut – so ist alles schnell griffbereit!

Einsatz!

Oft hört man sie, bevor man sie sieht – Einsatzfahrzeuge gibt es für verschiedene Zwecke und Gelände. Mit ihrer Spezialausrüstung eilen sie Menschen zur Hilfe oder löschen Feuer.

Amerikanischer Polizeiwagen

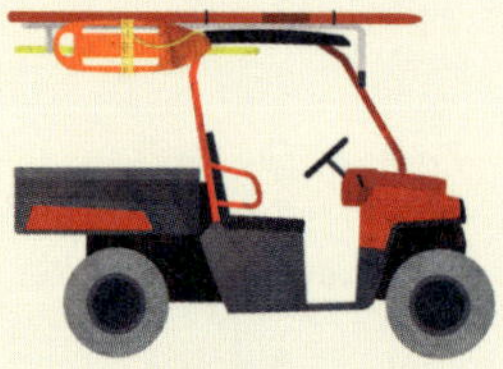

Buggy der Rettungsschwimmer

Britischer Rettungswagen

Flughafenlöschfahrzeug

Britisches Notarzt-Motorrad

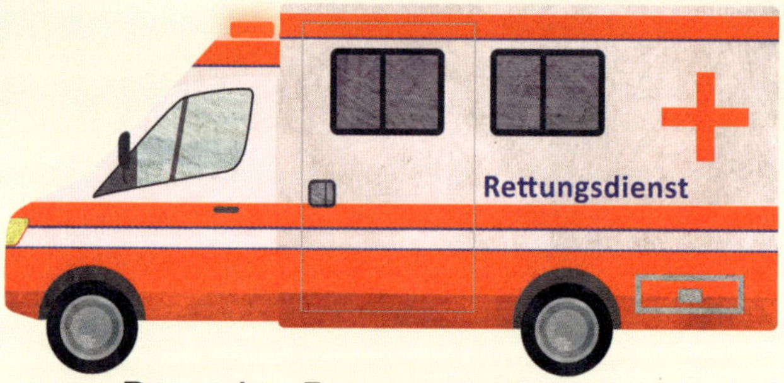

Deutscher Rettungswagen

Fahrzeuge der amerikanischen Küstenwache können mit ihrer Spezialausrüstung Signale von See empfangen.

Pick-up-Truck der Rettungsschwimmer

Französischer Polizeiwagen

Löschfahrzeug

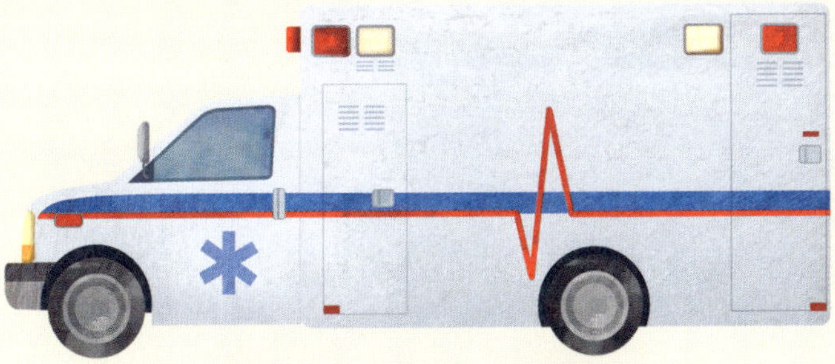

Amerikanischer Rettungswagen

Bergrettungswagen

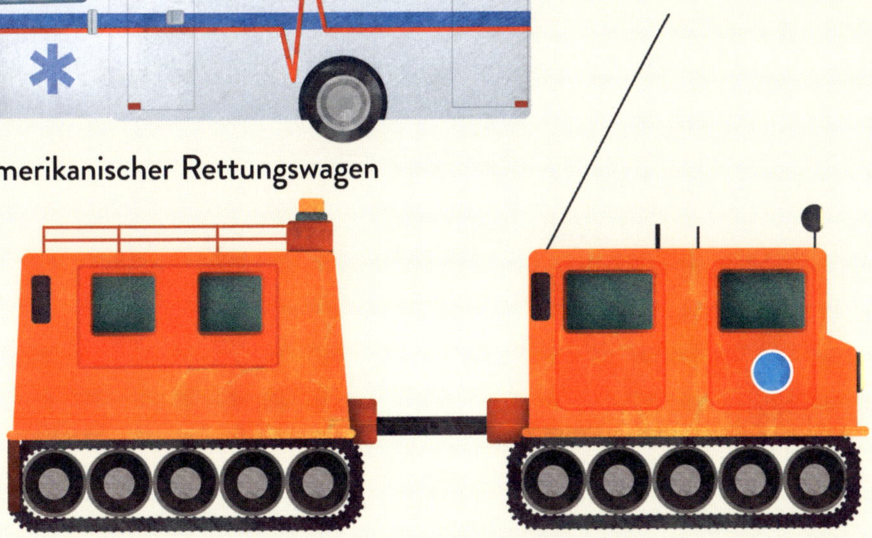

Amphibische Rettungsfahrzeuge können Menschen bei Überschwemmungen bergen.

Polizei-Quad

Such- und Rettungsfahrzeug mit Raupe

Mit Drehleitern rettet die Feuerwehr Menschen, die in hohen Gebäuden eingeschlossen sind.

Feuerwehrwagen mit Drehleiter

Polizeitransporter

Vorauseinsatzfahrzeug

Rüstwagen bringen viele verschiedene Werkzeuge mit, um eingeschlossene Menschen zu befreien.

Britischer Polizeiwagen

Fahrzeuge früher

Seit über 130 Jahren fahren Menschen Auto. Fahrzeuge von früher werden heute Oldtimer genannt.

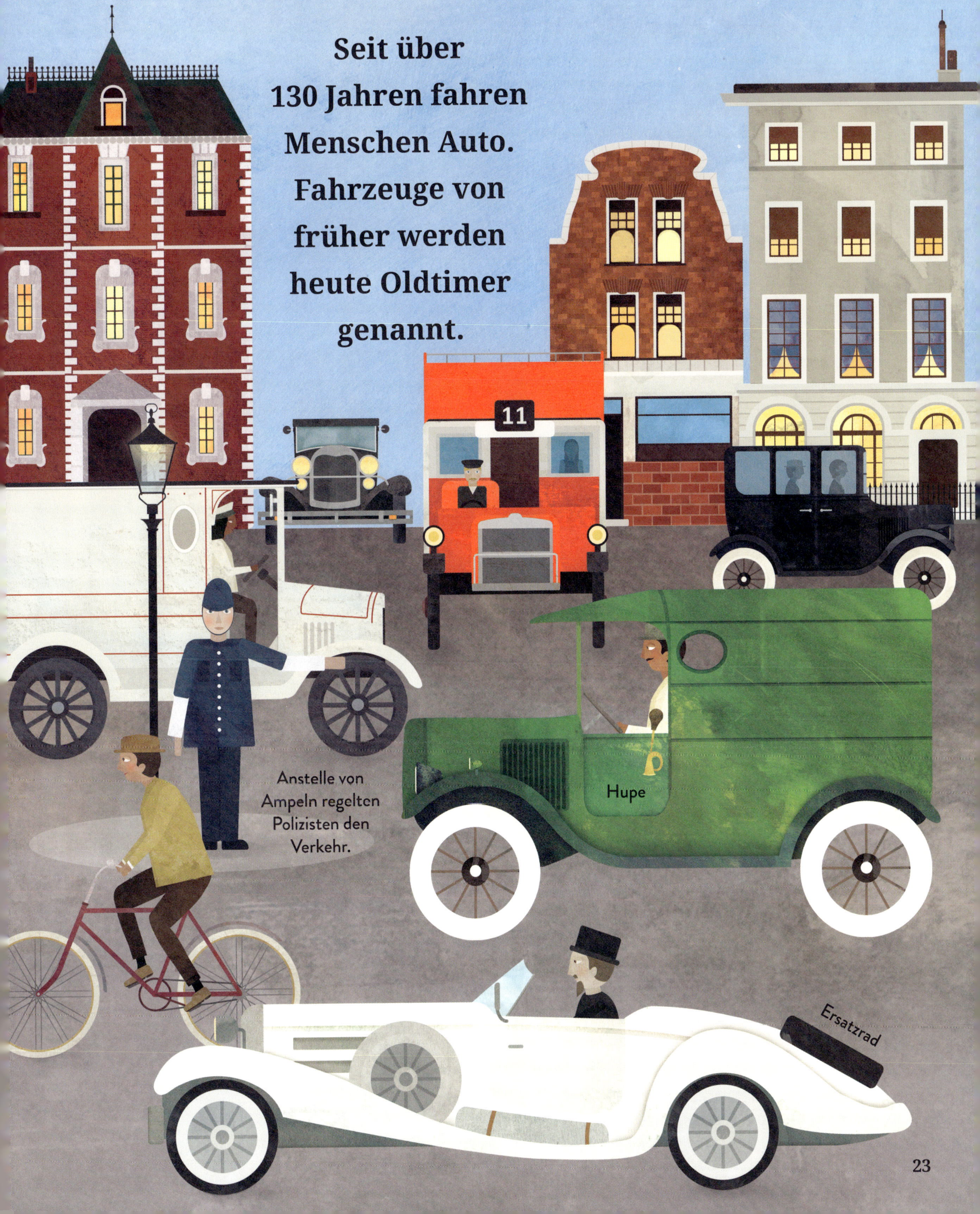

Bahnrennrad

E-Fahrräder haben einen Elektromotor, mit dem man Steigungen leichter befahren kann.

Rennmotorrad

Auf einem **Einrad** braucht man ein gutes Gleichgewicht.

Fahrradtaxi

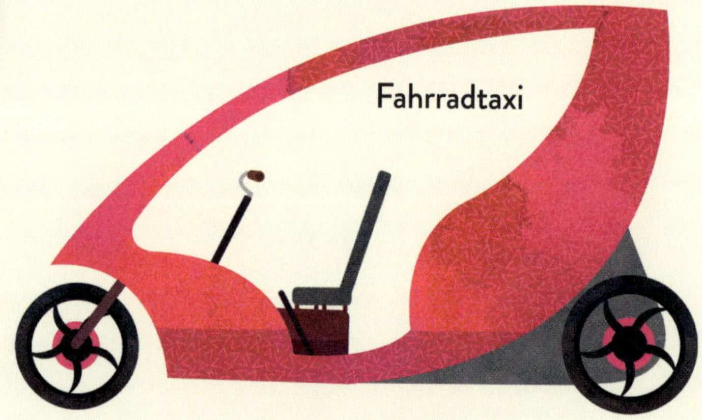

Stunt-Motorrad

Dreirad

Kinderfahrrad

Mit einem **BMX-Rad** kann man coole Tricks machen.

Fahrrad mit Kindersitz

Der Motor einer **Harley-Davidson** ist lauter als der eines Autos.

Klassisches Tourenrad

Motorrad mit Seitenwagen

Rennrad

Tretmobil für Touristen

Fahrräder

Mit manchen Fahrrädern und Motorrädern kann man auf der Straße, mit anderen im Gelände oder sogar auf dem Wasser fahren!

Elektroroller

Faltrad

Lastenrad

Wegen ihrer Motorgeräusche werden **Autorikschas** manchmal auch **Tuk Tuk** genannt.

Liegedreirad

Mountainbikes haben dickere Reifen für die Fahrt über unebenes Gelände.

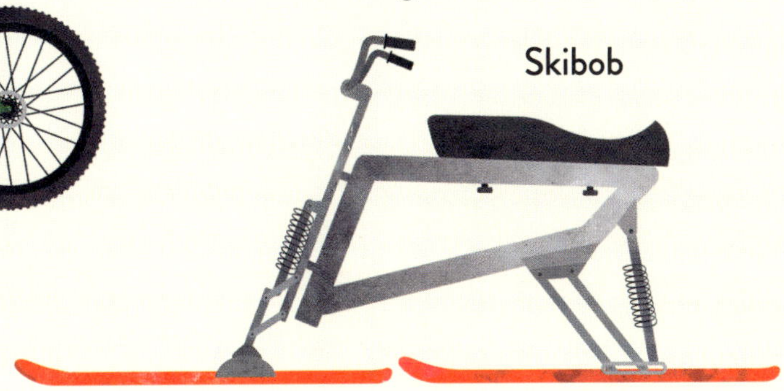

Skibob

Tandem

Motorroller

Klassisches Fahrrad

Fahrradrikscha

Wasserfahrrad

Auf Rädern im Park

Einen Helm zu tragen ist wichtig, damit der Kopf bei einem Unfall geschützt ist.

Im Grünen zu radeln macht besonders Spaß. Bergauf zu fahren erfordert viel Muskelkraft. Bergab geht es blitzschnell. Vergiss das Bremsen nicht!

Milchsammelwagen

Offener Traktor

Quads haben dicke Reifen, um auf weichem oder schlammigem Boden fahren zu können.

Hoflader

Raupentraktor

Bauernhof

Rund ums Jahr erledigen Fahrzeuge auf dem Hof viele Aufgaben. Besonders wichtig ist der Traktor, aber auch andere Fahrzeuge helfen beim Säen, Ernten oder dem Tiertransport.

Traktor mit Schneepflug

Traktor mit Ballenlader

Traktor mit Pflug

Mähdrescher haben eine Leiter, damit der Fahrer die Kabine erreichen kann.

Kompaktlader

Minibagger

Pick-up-Truck

Traktor mit Mähwerk

Traktor

Traktor mit Greifer für Baumstämme

Tiertransporter

Traktor mit Anhänger

Geländewagen
mit Allradantrieb

Strohballenpresse

Traktor mit Rollstriegel

Traktor mit Frontlader

Traktor mit Miststreuer

Pferdetransporter sind kleine Lastwagen, die 2–12 Pferde transportieren können.

Der Eiswagen ist da!

Bimmeling! Welche Sorte magst du?

Im Sommer fährt der Eiswagen durch die Stadt. Vorne ist eine Fahrerkabine, hinten wird Eis verkauft. Lecker!

Eurostar

Standseilbahnen können Menschen auf sehr steile Hügel und Berge bringen.

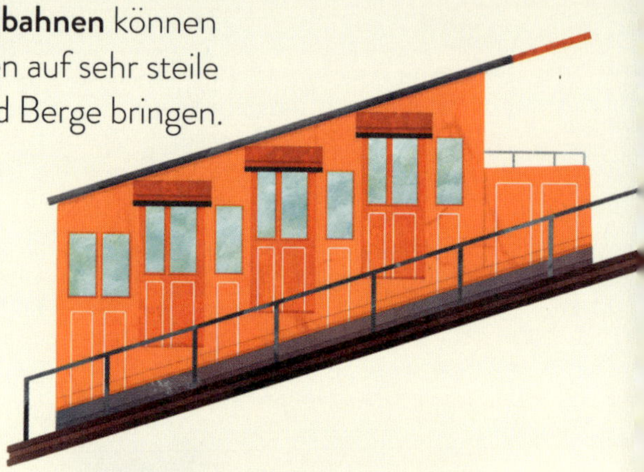

Dampfzug

Dieselrangierlokomotive

Triebwagen

Hochgeschwindigkeitszug

Doppelstockzug

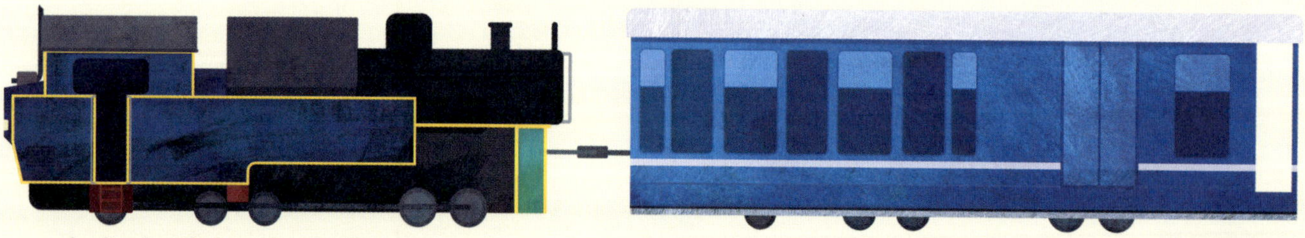

Indische Schmalspur-Bergbahn

Parkeisenbahn

Historische Straßenbahn

Dieser **Schneepflug** läuft vorne spitz zu, um den Schnee vom Gleis zu schieben.

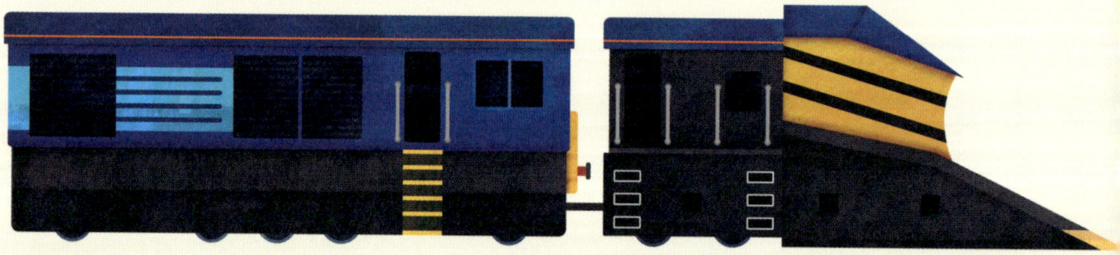

Einschienenbahn

Moderne Straßenbahn

Feuerlöschzug

Londoner U-Bahnzug

Züge

Züge fahren auf Schienen und können weite Strecken zurücklegen. Sie werden mit Dampf, Diesel oder elektrisch angetrieben.

Schnellfahr-Dampflokomotive

Diesellokomotive

Französischer Metrozug

Japanische Shinkansen-Züge sind richtig schnell! Sie sind die schnellsten Züge der Welt.

Güterzug

Amerikanische Dampflokomotive

Italienischer Schnellzug

Amerikanischer U-Bahnzug

Baumaschinen

Diese Maschinen sind nützliche Helfer auf der Baustelle. Sie können graben, heben, stapeln, walzen, mischen und vieles mehr. Schau dir ihre erstaunlichen Werkzeuge an!

Planierraupe

Knicklenker-Kipper

Bohrgerät auf Raupenfahrwerk

Gabelstapler

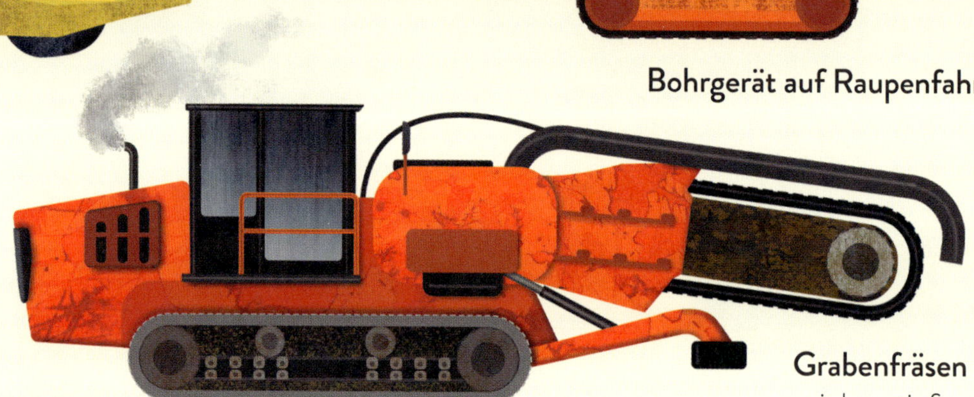

Grabenfräsen ziehen tiefe Gräben in den Boden.

Betonmischer

Walzen glätten neue Straßen.

Laderaupe

Baggerlader

Teleskoplader

Kompaktlader

Erdhobel

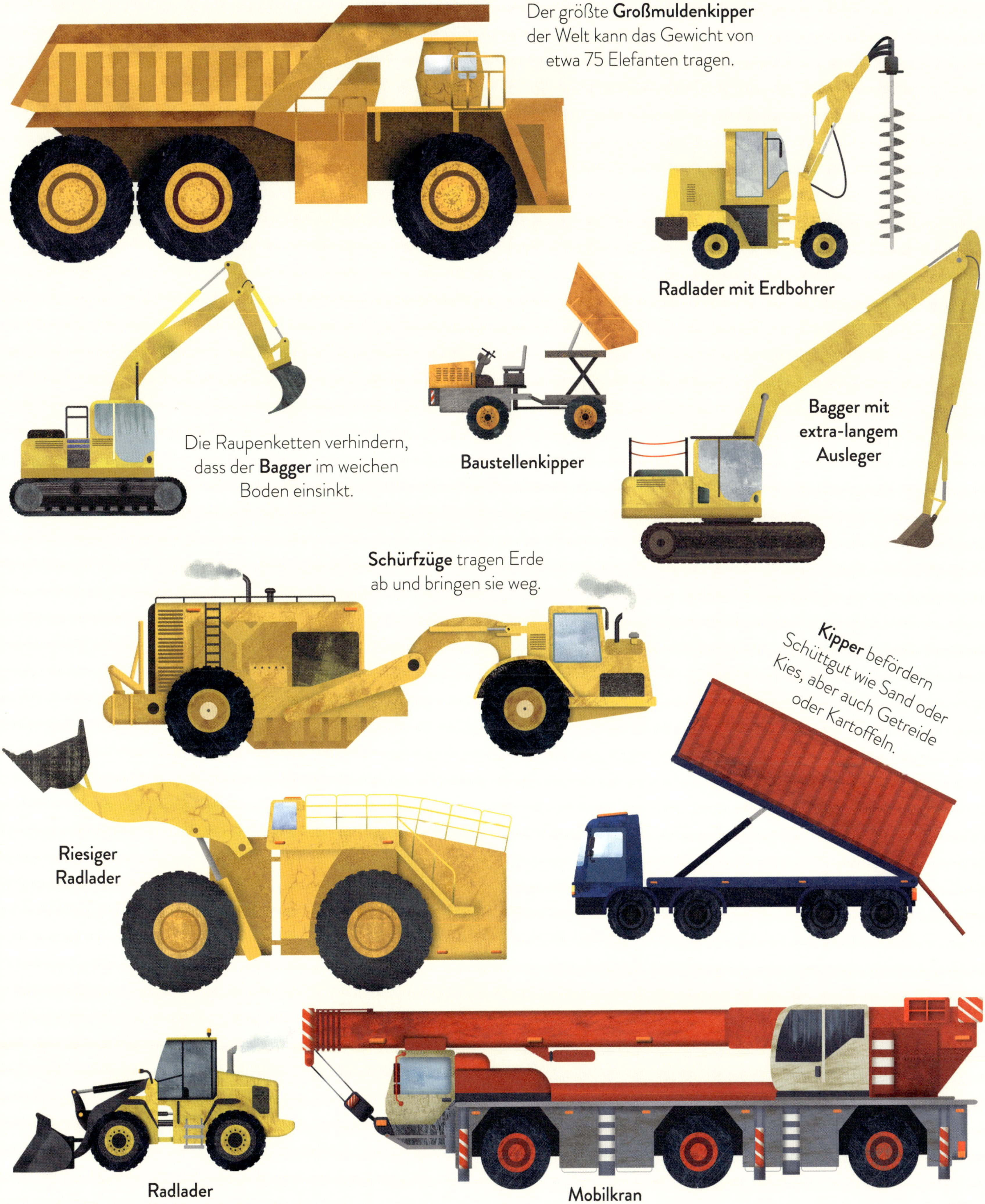

Der größte **Großmuldenkipper** der Welt kann das Gewicht von etwa 75 Elefanten tragen.

Radlader mit Erdbohrer

Die Raupenketten verhindern, dass der **Bagger** im weichen Boden einsinkt.

Baustellenkipper

Bagger mit extra-langem Ausleger

Schürfzüge tragen Erde ab und bringen sie weg.

Kipper befördern Schüttgut wie Sand oder Kies, aber auch Getreide oder Kartoffeln.

Riesiger Radlader

Radlader

Mobilkran

Transport mit dem Güterzug

Güterzüge können mehrere Hundert Wagons haben.

Hast du schon mal einen Güterzug vorbeirauschen sehen? Sie transportieren verschiedene Fracht von einem Ort zum anderen, manchmal sogar in andere Länder.

Auf der Baustelle

Auf Baustellen ist es ziemlich laut, denn dort kommen viele Maschinen zum Einsatz. Die Walze ebnet hier den Boden und der Gabelstapler hebt schweres Material.

Am Flughafen

Seit über 100 Jahren bereisen Menschen mit Flugzeugen die Welt. Am Flughafen helfen viele andere Fahrzeuge dabei, dass die Flugzeuge starten und landen können.

Auf dem Schrottplatz

Die Schrottautos werden auf Metallgerüsten gestapelt, damit Mechaniker noch brauchbare Teile finden können.

Ein Bagger greift mit einem langen Ausleger Autos, die in die Schrottpresse sollen.

Alte oder kaputte Autos werden auf dem Schrottplatz in ihre Einzelteile zerlegt, die dann verkauft oder wiederverwertet werden.

Fakten auf Rädern

1. Monster-Trucks können weite Sprünge machen. Der bisher weiteste Sprung ging über 72 Meter. Das entspricht etwa der Länge von 15 Autos!

2. Der bisher längste Road Train („Straßen-Zug") war fast 1,5 Kilometer lang. Zu Fuß bräuchte man von einem Ende zum anderen etwa 18 Minuten.

3. Der höchste Salto rückwärts mit einem Fahrrad war 2,8 Meter hoch.

4. In den USA wirbt ein Wursthersteller mit einem Auto, das wie ein Hotdog aussieht. Es heißt *Wienermobile*!

5. Das bisher schnellste Auto heißt *ThrustSSC* – es erreichte 1228 Kilometer pro Stunde. Das ist etwa zehnmal so schnell wie ein Familienauto auf der Autobahn.

6. Das kleinste Auto aller Zeiten ist der *Peel P50*. Er hat nur eine Tür und einen Scheinwerfer. Zum Wenden steigt man aus, hebt ihn hinten an und dreht ihn einfach um.

7. Bagger können tanzen! Es gibt eine Gruppe großer Bagger, die Tricks ausführen, sich zu Musik drehen und ihre Schaufeln schwenken.

8. *Bagger 293* ist ein riesiger Schaufelradbagger. Mit dem Schaufelrad nimmt er Erde auf und schüttet sie auf ein Förderband, das sie wegbringt. Mit einem Gewicht von 14 196 Tonnen ist er das größte und schwerste Landfahrzeug.

9. Der längste Reisezug ist *The Ghan*, der quer durch Australien fährt. Er hat durchschnittlich 30 Wagen und ist über 770 Meter lang.

10. In Indien gibt es genügend Bahnschienen, um sie fast dreimal rund um die Erde zu legen.

Suche und finde

Blättere durch das Buch und schau mal, welche dieser Fahrzeuge, Personen und Gegenstände du entdeckst.

Pokal

Helm

Elektroroller

Einrad

Betonmischer

Quad

Leiter

Gepäckförderband

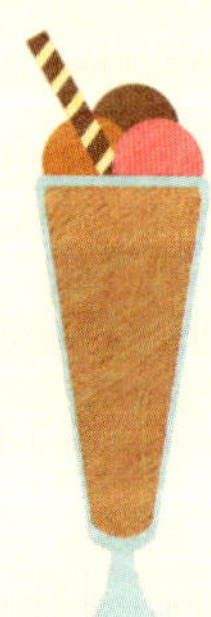

Eisbecher

Campingbus

Reifen

Pick-up-Truck mit Weihnachtsbaum

Verkehrspolizist

Gokart

Ladesäule

Baustellenkipper

Britisches Notarzt-Motorrad

Parkeisenbahn

Autowaschanlage

Hund der Feuerwache

Verkehrsleitkegel

Wie viele Leitkegel kannst du im Buch entdecken?

Brumm!
Brumm!